北京市生产经营单位安全生产主体责任规定

中国法制出版社

目　　录

北京市人民政府令

第 285 号

《北京市生产经营单位安全生产主体责任规定》已经2019 年 4 月 16 日市人民政府第 32 次常务会议审议通过，现予公布，自 2019 年 7 月 15 日起施行。

市长　陈吉宁

2019 年 5 月 30 日

北京市生产经营单位安全生产主体责任规定

第一条 为落实生产经营单位安全生产主体责任，根据《中华人民共和国安全生产法》等法律、法规，结合本市实际情况，制定本规定。

第二条 本市行政区域内的生产经营单位应当依照本规定履行安全生产主体责任。

第三条 生产经营单位是安全生产的责任主体，应当遵守有关安全生产的法律、法规、规章和标准，建立、健全安全生产责任制和安全生产规章制度，改善安全生产条件，推进安全生产标准化建设，加强安全生产管理，提高安全生产水平，并对未履行安全生产主体责任导致的后果负责。

第四条 生产经营单位的主要负责人对本单位的安全生产工作全面负责，履行下列职责：

（一）建立、健全并督促落实安全生产责任制；

（二）组织制定并督促落实安全生产规章制度和操作

规程；

（三）组织制定并实施安全生产教育和培训计划；

（四）保证安全生产投入的有效实施；

（五）每季度至少研究一次安全生产工作；

（六）督促检查安全生产工作，及时消除生产安全事故隐患；

（七）每年向职工代表大会或者职工大会报告安全生产工作情况；依法不需要建立职工代表大会或者职工大会的小型或者微型企业等规模较小的生产经营单位，应当每年向从业人员通报安全生产工作情况；

（八）组织制定并实施生产安全事故应急救援预案；

（九）及时、如实报告生产安全事故。

第五条　生产经营单位分管安全生产工作的负责人或者安全总监协助主要负责人履行安全生产职责，其他分管负责人对分管业务范围内的安全生产工作负责。

安全总监的具体办法，由市应急管理部门会同国有资产管理部门和有关行业管理部门制定。

第六条　生产经营单位的安全生产责任制应当明确主要负责人、其他负责人、各职能部门负责人、车间和班组负责人、其他从业人员等全体人员的安全生产责任范围和考核标准等内容。

生产经营单位应当每年对安全生产责任制落实情况

进行考核，考核结果作为安全生产奖励和惩罚的依据。

第七条 生产经营单位的主要负责人应当组织制定下列安全生产规章制度：

（一）安全生产教育和培训制度；

（二）安全生产检查制度；

（三）生产安全事故隐患排查和治理制度；

（四）具有较大危险因素的生产经营场所、设备和设施的安全管理制度；

（五）安全生产资金投入或者安全生产费用提取、使用和管理制度；

（六）危险作业管理制度；

（七）特种作业人员管理制度；

（八）劳动防护用品配备和使用制度；

（九）安全生产奖励和惩罚制度；

（十）生产安全事故报告和调查处理制度；

（十一）法律、法规、规章规定的其他安全生产制度。

第八条 生产经营单位应当依照法律、法规、规章和国家标准、行业标准，结合工艺流程、技术设备特点以及原辅料危险性等情况，制定安全操作规程。

安全操作规程应当覆盖本单位生产经营活动的全过程。

安全操作规程应当明确安全操作要求、作业环境要求、作业防护要求、禁止事项、紧急情况现场处置措施等内容。

第九条 生产经营单位应当履行下列安全生产资金投入的责任：

（一）保证具备安全生产条件所必需的资金投入；

（二）安排用于配备劳动防护用品、进行安全生产教育和培训的经费；

（三）有关生产经营单位应当按照国家规定提取和使用安全生产费用，专门用于改善安全生产条件。

第十条 本市按照国家规定建立安全生产责任保险制度。矿山、金属冶炼、建筑施工、道路运输、危险物品、烟花爆竹、民用爆炸物品等生产经营单位，应当投保安全生产责任保险。鼓励其他生产经营单位投保安全生产责任保险。

安全生产责任保险的具体办法，由市应急管理部门会同有关部门制定。

第十一条 矿山、金属冶炼、建筑施工、道路运输、危险物品的生产经营单位，应当按照下列规定设置安全生产管理机构或者配备专职安全生产管理人员，但国家另有规定的除外：

（一）从业人员总数超过100人的，应当设置安全生产管理机构，按照不少于从业人员总数1%的比例配备专职安全生产管理人员，且最低不得少于3人；

（二）从业人员总数在100人以下的，应当配备专职安全生产管理人员。

第十二条 本规定第十一条规定以外的生产经营单位，应当按照下列规定设置安全生产管理机构或者配备安全生产管理人员：

（一）从业人员总数超过300人的，应当设置安全生产管理机构，按照不少于从业人员总数0.5%的比例配备专职安全生产管理人员，且最低不得少于3人；

（二）从业人员总数超过100人且在300人以下的，应当配备不少于2人的专职安全生产管理人员；

（三）从业人员总数在100人以下的，应当配备专职或者兼职安全生产管理人员，或者委托依法设立的安全生产技术、管理服务机构提供安全生产管理服务。

第十三条 生产经营单位使用被派遣劳动者的，应当将被派遣劳动者纳入本单位从业人员统一管理，被派遣劳动者的数量计入本单位从业人员总数。

第十四条 矿山、金属冶炼、危险物品的生产经营单位配备的安全生产管理人员中，具有相应类别的注册安全工程师的数量，不得少于安全生产管理人员总数的15%，且最低不得少于1人。

鼓励其他生产经营单位聘用注册安全工程师从事安全生产管理工作。

第十五条 生产经营单位的安全生产管理机构或者安全生产管理人员履行下列职责：

（一）组织或者参与拟订安全生产规章制度、操作规程和生产安全事故应急救援预案；

（二）组织或者参与安全生产教育和培训，如实记录安全生产教育和培训情况；

（三）督促落实重大危险源的安全管理措施；

（四）组织或者参与应急救援演练；

（五）检查安全生产状况，及时排查事故隐患，提出改进安全生产管理的建议；

（六）制止和纠正违章指挥、强令冒险作业、违反操作规程的行为；

（七）督促落实安全生产整改措施；

（八）督促本单位其他机构和人员履行安全生产职责，组织或者参与安全生产考核，提出奖惩意见；

（九）依法组织或者参与生产安全事故调查处理。

第十六条 生产经营单位的主要负责人和安全生产管理人员应当具备与所从事的生产经营活动相适应的安全生产知识和管理能力。

第十七条 生产经营单位应当履行下列安全生产教育和培训的责任：

（一）对从业人员进行安全生产教育和培训，保证从业人员具备必要的安全生产知识，熟悉有关安全生产规章制度和安全操作规程，掌握本岗位安全操作技能，了解事故应急处理措施，知悉自身在安全生产方面的权利和义务；

（二）对新招用、换岗、离岗6个月以上的人员，以及采用新工艺、新技术、新材料或者使用新设备的人员，进行安全生产教育和培训；

（三）教育和培训的内容和学时，符合法律、法规、规章的规定；

（四）未经安全生产教育和培训合格的人员，不得安排上岗作业；

（五）建立安全生产教育和培训档案，如实记录教育和培训的时间、内容、参加人员以及考核结果等情况。

第十八条 生产经营单位的安全生产教育和培训档案应当包括下列内容：

（一）教育和培训的内容或者影像资料；

（二）教育和培训的签到表和培训学时记录；

（三）考试试卷或者从业人员本人签名的考核记录。

小型或者微型企业等规模较小的生产经营单位的安全生产教育和培训档案，应当至少包括本条第一款第一项规定的内容。

第十九条 生产经营单位进行特种作业活动，应当使用取得相应资格的特种作业人员。

生产经营单位应当核实特种作业人员的操作资格，按照准许的作业类别和操作项目安排特种作业人员上岗作业。

第二十条 生产经营单位应当履行下列场所和设备设施的安全责任：

（一）不得使用违法建（构）筑物从事生产经营活动；

（二）不得擅自变更规划许可确定的场所使用功能，危及生产安全；

（三）不得占用、堵塞、封闭疏散通道、安全出口或者埋压、圈占、遮挡消火栓；

（四）不得违反规定存放易燃易爆物品、危险物品、放射性物品等物品；

（五）生产、经营、储存、使用危险物品的车间、商店、仓库不得与员工宿舍设置在同一座建筑物内；

（六）不得使用国家和本市明令淘汰的危及生产安全的设备及工艺；

（七）不得违反法律、法规、规章和国家标准、行业标准的其他禁止性规定和要求。

第二十一条 生产经营单位设备设施的安装、运行和管理，应当符合国家标准或者行业标准，定期维护、保养和检修，保证设备设施的正常运转。

存在较大危险因素设备设施的安全防护装置，应当符合国家标准或者行业标准，不得违反规定拆除或者停止使用。

第二十二条 生产经营单位应当在存在较大危险因素的生产经营场所或者设备设施上设置明显的安全警示标志。安全警示标志应当符合国家标准或者行业标准。

第二十三条 生产经营单位作出下列涉及安全生产的经营决策，应当听取安全生产管理机构或者安全生产管理人员的意见：

（一）安全生产投入计划；

（二）生产经营布局调整方案；

（三）存在较大危险因素设备设施的更新、改造计划；

（四）采用新工艺、新流程、新材料的计划；

（五）生产经营场所、项目、设备设施的发包或者出租计划等。

第二十四条 生产经营单位应当向从业人员如实告知作业场所和工作岗位存在的危险因素、防范措施以及事故应急措施。

第二十五条 生产经营单位进行爆破、吊装、挖掘、悬吊、建设工程拆除、油罐清洗等危险作业，以及在有限空间内作业、动火作业、高处作业、带电作业、临近高压输电线路作业，应当遵守下列规定：

（一）制定作业方案，按照本单位内部批准权限审批；

（二）落实安全交底，向作业人员详细说明作业内容、主要危险因素、作业安全要求和应急措施等内容；

（三）安排专门人员进行现场管理，确认现场作业条件、作业人员上岗资格、身体状况符合安全作业要求，监督作业人员遵守操作规程，落实安全措施；

（四）配备与现场作业活动相适应的劳动防护用品，以及相应的安全警示标志、安全防护设备、应急救援装备；

（五）发现直接危及人身安全的紧急情况，立即采取应急措施，停止作业或者撤出作业人员。

第二十六条 有下列情形之一的，生产经营单位应当签订安全生产管理协议，或者在有关合同中明确各自的安全生产管理职责：

（一）发包或者出租生产经营项目、场所、设备的；

（二）两个以上生产经营单位在同一作业区域内进行生产经营活动，可能危及对方生产安全的；

（三）委托其他生产经营单位从事本规定第二十五条规定所列作业的。

第二十七条 安全生产管理协议应当包括下列内容：

（一）双方安全生产职责、各自管理的区域范围；

（二）作业场所、作业人员、设备设施的安全生产管理责任；

（三）双方有关安全生产的权利和义务；

（四）生产安全事故报告和应急救援责任。

第二十八条 生产经营单位应当定期为从业人员无偿提供和更新符合国家标准或者行业标准的劳动防护用品，督促、教育从业人员正确佩戴、使用，并如实记录购买和发放劳动防护用品的情况。

劳动防护用品不得以货币或者其他物品替代。

第二十九条 生产经营单位应当定期对作业场所、工艺、设备和岗位进行危害辨识，开展风险评估，确定风险等级，采取相应的风险管控措施；按照国家和本市有关规定开展生产安全事故隐患排查治理；发现直接危及人身安全的紧急情况，现场负责人有权停止作业、撤离人员。

小型或者微型企业等规模较小的生产经营单位，应当至少排查治理用火、用电、用气等方面的生产安全事故隐患。

第三十条 生产经营单位应当履行下列生产安全事故应急救援的责任：

（一）制定生产安全事故应急救援预案，并与所在地的区政府组织制定的生产安全事故应急救援预案相衔接；

（二）每年至少组织一次应急救援演练；

（三）配备必要的应急救援人员；

（四）发生生产安全事故后，迅速采取有效措施，组织抢救，防止事故扩大，减少人员伤亡和财产损失。

小型或者微型企业等规模较小的生产经营单位，可以不制定生产安全事故应急救援预案，但应当编制现场处置方案，指定兼职的应急救援人员，并可以与邻近的应急救援队伍签订应急救援协议。

第三十一条 危险物品的生产、经营、储存单位以及矿山、金属冶炼、城市轨道交通运营、建筑施工单位，应当建立应急救援组织，配备应急救援人员和必要的应急救援器材、设备设施和物资，并进行经常性维护、保养，保证正常运行。

第三十二条 市和区应急管理、经济信息化、公安、规划自然资源、住房城乡建设、城市管理、交通、水务、市场监管、园林绿化和农业农村等负有安全生产监督管理职责的部门（以下统称负有安全生产监督管理职责的部门）在各自职责范围内，对相关行业、领域的生产经营单位履行安全生产主体责任的情况实施监督管理。

其他政府部门按照法律、法规、规章和市政府确定的职责，对相关行业、领域的生产经营单位履行安全生产主体责任的情况实施管理。

第三十三条 负有安全生产监督管理职责的部门应当对下列生产经营单位进行重点监督检查：

（一）近三年内发生过生产安全事故的；

（二）近两年内受到过安全生产行政处罚的；

（三）上一年被举报投诉存在生产安全事故隐患，经查证属实的。

第三十四条 生产经营单位的主要负责人未履行本规定第四条规定的安全生产管理职责，或者未组织制定本规定第七条规定所列安全生产规章制度之一的，由负有安全生产监督管理职责的部门责令改正；拒不改正的，责令停产停业整顿，并处2万元以上5万元以下罚款。

生产经营单位的主要负责人有前款违法行为，导致发生生产安全事故的，依法给予撤职处分；构成犯罪的，依法追究刑事责任。

生产经营单位的主要负责人依照前款规定受刑事处罚或者撤职处分的，自刑罚执行完毕或者受处分之日起，5年内不得担任任何生产经营单位的主要负责人；对重大、特别重大生产安全事故负有责任的，终身不得担任本行业生产经营单位的主要负责人。

第三十五条 违反本规定第九条规定，生产经营单位未履行安全生产资金投入责任，致使生产经营单位不具备安全生产条件的，由负有安全生产监督管理职责的部门责令改正，提供必需的资金；拒不改正的，责令停产停业整顿。

有前款违法行为，导致发生生产安全事故的，对生产经营单位的主要负责人依法给予撤职处分，由负有安全生产监督管理职责的部门对个人经营的投资人处2万元以上20万元以下罚款；构成犯罪的，依法追究刑事责任。

第三十六条 违反本规定第十一条或者第十二条规定，生产经营单位未按照规定设置安全生产管理机构或者配备安全生产管理人员的，由负有安全生产监督管理职责的部门责令改正，可以处5万元以下罚款；拒不改正的，责令停产停业整顿，并处5万元以上10万元以下罚款，对其直接负责的主管人员和其他直接责任人员处1万元以上2万元以下罚款。

第三十七条 违反本规定第十四条第一款规定，生产经营单位未按照规定配备注册安全工程师的，由负有安全生产监督管理职责的部门责令改正，可以处5000元以上2万元以下罚款。

第三十八条 违反本规定第十五条规定，生产经营单位的安全生产管理人员未履行安全生产管理职责的，由负有安全生产监督管理职责的部门责令改正；导致发生生产安全事故的，暂停或者撤销其与安全生产有关的资格；构成犯罪的，依法追究刑事责任。

第三十九条 违反本规定第十七条规定，生产经营单位未履行安全生产教育和培训责任的，由负有安全生产监督管理职责的部门责令改正；拒不改正的，责令停产停业整顿，可以处2万元以下罚款。

第四十条 违反本规定第十八条规定，生产经营单位未建立或者健全安全生产教育和培训档案的，由负有安全生产监督管理职责的部门责令改正，可以处1000元以上1万元以下罚款。

第四十一条 违反本规定第十九条规定，生产经营单位使用未取得相应资格的特种作业人员，或者特种作业人员未按照准许的作业类别和操作项目作业的，由负有安全生产监督管理职责的部门责令改正，可以处5万元以下罚款；拒不改正的，责令停产停业整顿，并处5万元以上10万元以下罚款，对其直接负责的主管人员和其他直接责任人员处1万元以上2万元以下罚款。

第四十二条 违反本规定第二十条第一项至第六项规定之一，不具备安全生产条件的，由负有安全生产监督管理职责的部门依法责令停产停业整顿；经停产停业整顿仍不具备安全生产条件的，予以关闭；有关部门应当依法吊销其有关证照。

第四十三条 违反本规定第二十一条第二款规定，拆除或者停止使用安全防护装置的，由负有安全生产监督管理职责的部门责令改正，处5000元以上5万元以下罚款。

第四十四条　违反本规定第二十二条规定，生产经营单位未在存在较大危险因素的生产经营场所或者设备设施上设置明显的安全警示标志的，由负有安全生产监督管理职责的部门责令改正，可以处5万元以下罚款；拒不改正的，处5万元以上20万元以下罚款，对其直接负责的主管人员和其他直接责任人员处1万元以上2万元以下罚款；情节严重的，责令停产停业整顿；构成犯罪的，依法追究刑事责任。

第四十五条　违反本规定第二十四条规定，生产经营单位未向从业人员如实告知作业场所和工作岗位存在的危险因素、防范措施以及事故应急措施的，由负有安全生产监督管理职责的部门责令改正，可以处5万元以下罚款；拒不改正的，责令停产停业整顿，并处5万元以上10万元以下罚款，对其直接负责的主管人员和其他直接责任人员处1万元以上2万元以下罚款。

第四十六条　违反本规定第二十五条规定，生产经营单位未遵守作业规定之一的，由负有安全生产监督管理职责的部门责令改正；拒不改正的，责令停产停业整顿，可以处2万元以上10万元以下罚款。

第四十七条　违反本规定第二十六条规定，生产经营单位未签订安全生产管理协议，或者未在有关合同中明确各自的安全生产管理职责的，由负有安全生产监督管理职责的部门责令改正，可以处5万元以下罚款，对其直接负责的主管人员和其他直接责任人员可以处1万元以下罚款；拒不改正的，责令停产停业整顿。

第四十八条 违反本规定第二十八条规定，生产经营单位未提供劳动防护用品的，或者未提供符合规定要求的劳动防护用品的，或者以货币、其他物品替代的，由负有安全生产监督管理职责的部门责令改正；拒不改正的，责令停产停业整顿，可以处5万元以下罚款。

第四十九条 负有安全生产监督管理职责的部门责令生产经营单位改正违反本规定的行为的，生产经营单位在未改正前不得安排从业人员从事相关作业；仍然安排从业人员从事相关作业的，从业人员有权拒绝，生产经营单位不得因此降低从业人员工资、福利等待遇或者解除与其订立的劳动合同。

第五十条 对未履行安全生产主体责任的生产经营单位，除依法实施行政处罚外，负有安全生产监督管理职责的部门可以对生产经营单位的主要负责人进行约谈和教育培训，并依法公示生产经营单位或者生产经营单位的主要负责人的行政处罚信息。

第五十一条 负有安全生产监督管理职责的部门应当将生产经营单位受到行政处罚或者行政强制的信息，共享到本市公共信用信息平台，并可以向社会公布。有关政府部门可以根据本市公共信用信息管理规定，对生产经营单位采取惩戒措施。

第五十二条 生产经营单位或者生产经营单位的主要负责人受到罚款处理后逾期不缴纳的，负有安全生产监督管理职责的部门可以每日按照罚款数额的3%加处罚款。

生产经营单位或者生产经营单位的主要负责人在法定期限内不申请行政复议或者提起行政诉讼，又不缴纳罚款的，负有安全生产监督管理职责的部门可以依法申请人民法院强制执行。

第五十三条 人民法院依法作出执行裁定、发出执行通知，当事人仍不履行义务的，人民法院依法发出限制消费令；当事人有履行能力而拒不履行义务或者违反限制消费令的，人民法院按照规定将其纳入失信被执行人名单。有关政府部门可以对当事人依法采取惩戒措施。

第五十四条 本规定所称的小型或者微型企业，按照国家有关中小企业划型标准执行。

第五十五条 本规定自2019年7月15日起施行。

北京市生产经营单位安全生产主体责任规定
BEIJINGSHI SHENGCHAN JINGYING DANWEI ANQUAN SHENGCHAN ZHUTI ZEREN GUIDING

经销/新华书店
印刷/北京市海纳百川印刷有限公司
开本/850 毫米 × 1168 毫米　32 开　　印张/0.75　字数/9 千
版次/2019 年 6 月第 1 版　　2023 年 5 月第 5 次印刷

中国法制出版社出版
书号 ISBN 978-7-5216-0313-2　　定价：5.00 元

北京市西城区西便门西里甲 16 号西便门办公区
邮政编码：100053　　传真：010-63141600
网址：http：//www.zgfzs.com　　编辑部电话：010-63141673
市场营销部电话：010-63141612　　印务部电话：010-63141606

（如有印装质量问题，请与本社印务部联系。）